www.ingramcontent.com/pod-product-compliance
Lightning Source LLC
LaVergne TN
LVHW072051060526
838200LV00061B/4717
9781834164267

اولین دیکشنری تصویری
حیوانات
First Picture Dictionary
Animals

پروانه
Butterfly

خوک
Pig

روباه
Fox

خرگوش
Rabbit

تصویرگر: آنا ایوانیر

www.kidkiddos.com
Copyright ©2025 by KidKiddos Books Ltd.
support@kidkiddos.com

All rights reserved. No part of this book may be reproduced in any form or by any electronic or mechanical means, including information storage and retrieval systems, without written permission from the publisher, except in the case of a reviewer, who may quote brief passages embodied in critical articles or in a review.
First edition, 2025

Library and Archives Canada Cataloguing in Publication
First Picture Dictionary - Animals (Farsi English Bilingual edition)
ISBN: 978-1-83416-426-7 paperback
ISBN: 978-1-83416-427-4 hardcover
ISBN: 978-1-83416-425-0 eBook

خرس

Bear

کانگورو

Kangaroo

تمساح

Crocodile

شتر

Camel

گورخر

Zebra

حیوانات وحشی
Wild Animals

شیر
Lion

ببر
Tiger

زرافه
Giraffe

◆ زرافه بلندترین حیوان روی خشکی است.
◆ *A giraffe is the tallest animal on land.*

فیل
Elephant

میمون
Monkey

گوزن شمالی
Moose

گرگ
Wolf

✦گوزن شمالی شناگر خوبی است و می‌تواند برای خوردن گیاهان زیر آب برود!

✦A moose is a great swimmer and can dive underwater to eat plants!

سنجاب
Squirrel

✦سنجاب برای زمستان آجیل پنهان می‌کند، اما گاهی فراموش می‌کند کجا گذاشته است!

✦A squirrel hides nuts for winter, but sometimes forgets where it put them!

کوالا
Koala

گوریل
Gorilla

حیوانات وحشی
Wild Animals

اسب آبی
Hippopotamus

پاندا
Panda

روباه
Fox

کرگدن
Rhino

گوزن
Deer

ماهی قرمز
Goldfish

سگ
Dog

✦ بعضی از طوطی‌ها می‌توانند کلمات را تقلید کنند و حتی مثل انسان بخندند!

✦ *Some parrots can copy words and even laugh like a human!*

گربه
Cat

طوطی
Parrot

حیوانات خانگی
Pets

قناری
Canary

✦ قورباغه می‌تواند از طریق پوست و ریه‌هایش نفس بکشد!
✦ *A frog can breathe through its skin as well as its lungs!*

خوکچه هندی
Guinea Pig

قورباغه
Frog

همستر
Hamster

خوک

Pig

خرگوش

Rabbit

لاما

Llama

✦بز می‌تواند از صخره‌های تند و حتی درخت‌ها بالا برود!

✦*A goat can climb steep rocks and even trees!*

بز

Goat

طاووس

Peacock

بوقلمون

Turkey

حیوانات مزرعه
Animals at the Farm

گاو

Cow

مرغ

Chicken

اردک

Duck

گوسفند

Sheep

اسب

Horse

خرچنگ دریایی
Lobster
گراز دریایی
Walrus
✦خرچنگ دریایی خون آبی دارد.
✦A lobster has blue blood.
✦فُک می‌تواند تا ۳۰ دقیقه زیر آب نفسش را نگه دارد!
✦A seal can hold its breath for 30 minutes while diving underwater!
فُک
Seal
خرچنگ
Crab

حیوانات آبزی
Animals in Water

✦اختاپوس سه قلب دارد و می‌تواند رنگ خود را برای پنهان شدن تغییر دهد!

✦*An octopus has three hearts and can change colors to hide!*

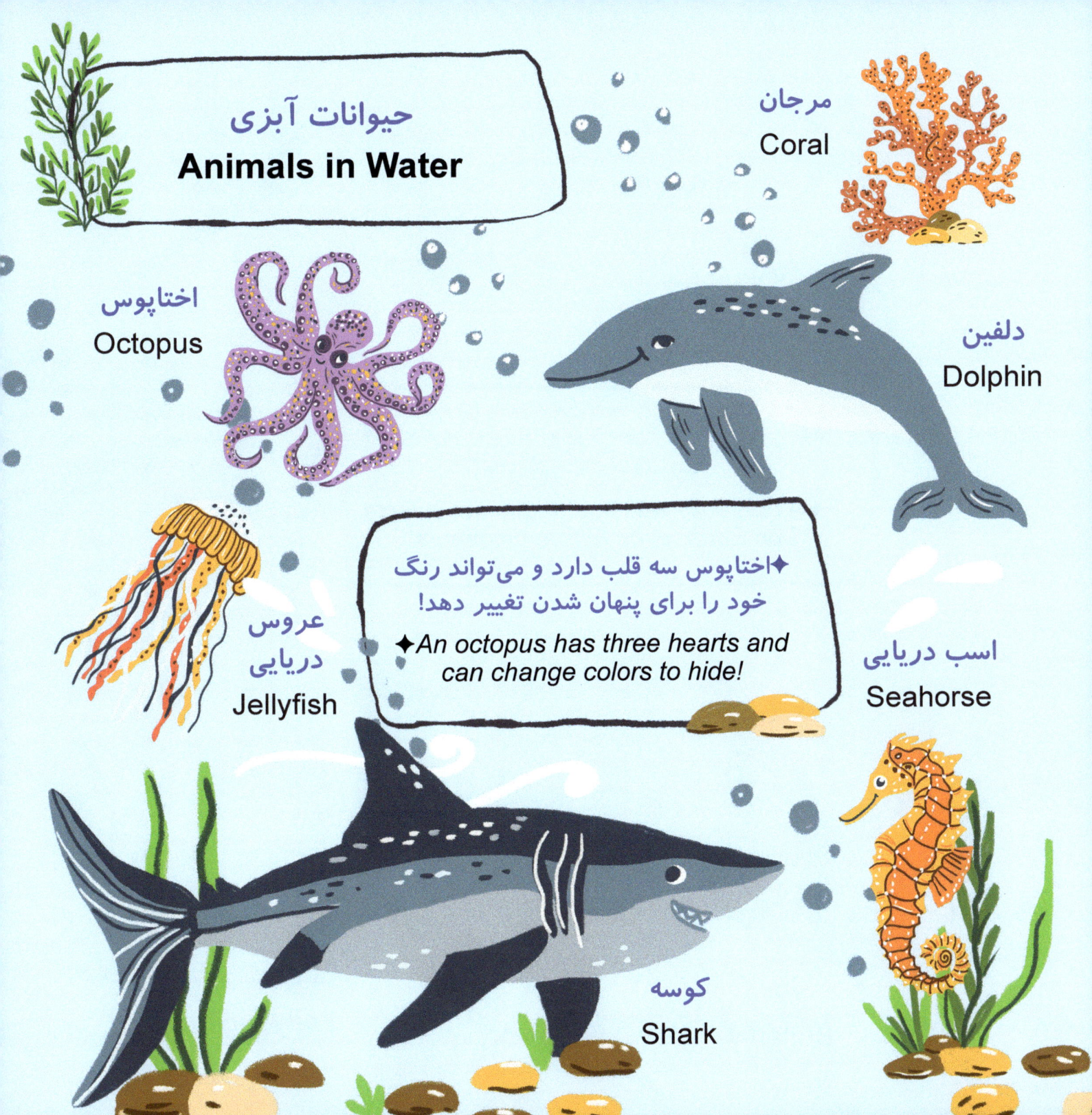

پشه

Mosquito

سنجاقک

Dragonfly

✦سنجاقک یکی از اولین حشرات روی زمین بود،
حتی قبل از دایناسورها!

✦*A dragonfly was one of the first insects on Earth, even before dinosaurs!*

زنبور

Bee

کفشدوزک

Ladybug

پروانه

Butterfly

حیوانات پرنده
Animals in the Sky

مرغ دریایی
Seagull

دارکوب
Woodpecker

✦باز می‌تواند موش کوچکی را از ارتفاع بالا در آسمان ببیند!

✦*A hawk can spot a tiny mouse from high up in the sky!*

عقاب
Eagle

کبوتر
Pigeon

باز
Hawk

گورکن

Badger

تشی

Porcupine

موش خرما

Groundhog

✦مارمولک می‌تواند اگر دمش را از دست بدهد، دمی جدید در بیاورد!

✦*A lizard can grow a new tail if it loses one!*

مارمولک

Lizard

مورچه

Ant

حیوانات روی خشکی
Animals on Land

ملخ

Grasshopper

مار

Snake

✦مار با زبانش بو می‌کشد، نه با بینی!

✦*A snake smells with its tongue instead of its nose!*

مورچه‌خوار

Anteater

کرم

Worm

کرم ابریشم

Caterpillar

گربه‌سانان وحشی
Wild Cats

پوما

Puma

شیر

Lion

یوزپلنگ

Cheetah

✦یوزپلنگ سریع‌ترین حیوان روی خشکی است!

✦*A cheetah is the fastest animal on land.*

سیاه‌گوش

Lynx

پلنگ سیاه

Panther

حیوانات جادویی
Magical Animals

اسب تک‌شاخ
Unicorn

اسب بالدار
Pegasus

اژدها
Dragon

پری دریایی
Mermaid

حیوانات کوچک
Small Animals

آفتاب‌پرست
Chameleon

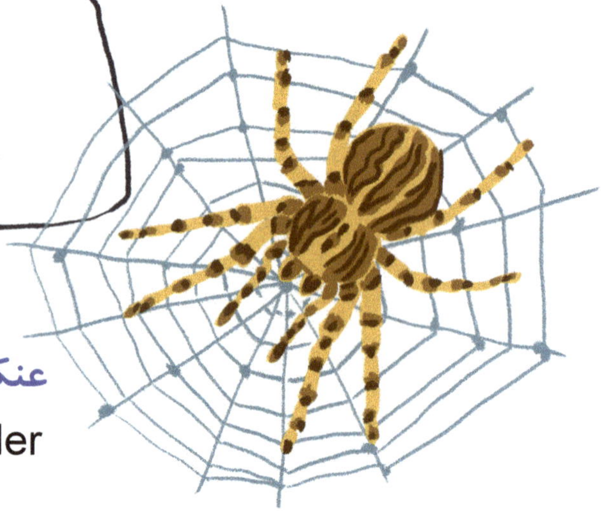

عنکبوت
Spider

◆ شترمرغ بزرگ‌ترین پرنده است، اما نمی‌تواند پرواز کند!
◆ *An ostrich is the biggest bird, but it cannot fly!*

زنبور
Bee

◆ حلزون خانه‌اش را روی پشتش حمل می‌کند و خیلی آهسته حرکت می‌کند.
◆ *A snail carries its home on its back and moves very slowly.*

حلزون
Snail

موش
Mouse

حیوانات بزرگ
Big Animals
نهنگ
Whale
گراز دریایی
Walrus
شترمرغ
Ostrich
گاومیش
Buffalo
اسب آبی
Hippopotamus
بایسون
Bison

حیوانات پر سر و صدا
Loud Animals

الاغ
Donkey

خروس
Rooster

قورباغه
Frog

گرگ
Wolf

کفتار
Hyena

حیوانات آرام
Quiet Animals

کفشدوزک
Ladybug

لاک‌پشت
Turtle

◆ لاک‌پشت هم در خشکی و هم در آب زندگی می‌کند!
◆ *A turtle can live both on land and in water.*

ماهی
Fish

مارمولک
Lizard

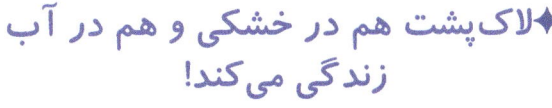

حیوانات جنگل
Jungle Animals

اورانگوتان

Orangutan

پلنگ سیاه

Panther

توکان

Toucan

گوریل

Gorilla

ایگوانا

Iguana

آناکوندا

Anaconda

تنبل

Sloth

حیوانات قطبی
Polar Animals

فُک

Seal

نهنگ قاتل

Orca

طوطی دریایی

Puffin

گوزن شمالی

Reindeer

پنگوئن

Penguin

خرس قطبی

Polar Bear

جغد
Owl

خفاش
Bat

◆جغد در شب شکار می‌کند و با شنوایی‌اش غذا پیدا می‌کند!
◆An owl hunts at night and uses its hearing to find food!

◆کرم شب‌تاب در شب می‌درخشد تا کرم‌های دیگر را پیدا کند.
◆A firefly glows at night to find other fireflies.

راکون
Raccoon

رتیل
Tarantula

حیوانات شب‌زی
Nighttime Animals

کرم شب‌تاب

Firefly

گورکن

Badger

پرنده کیوی

Kiwi Bird

پلنگ

Leopard

جوجه‌تیغی

Hedgehog

خرس قطبی سفید است

A polar bear is white

روباه نارنجی است

A fox is orange

کوآلا خاکستری است

A koala is grey

پلنگ سیاه است

A panther is black

جوجه زرد است

A chick is yellow

حیوانات رنگارنگ
Colorful Animals

جغد قهوه‌ای است
An owl is brown

فلامینگو صورتی است
A flamingo is pink

قو سفید است
A swan is white

اختاپوس بنفش است
An octopus is purple

قورباغه سبز است
A frog is green

✦ قورباغه سبز است، پس می‌تواند بین برگ‌ها پنهان شود.
✦ A frog is green, so it can hide among the leaves.

پروانه و کرم ابریشم
Butterfly and Caterpillar

گوسفند و بره
Sheep and Lamb

اسب و کره اسب
Horse and Foal

خوک و بچه خوک
Pig and Piglet

بز و بزغاله
Goat and Kid

حیوانات و بچه‌هایشان
Animals and Their Babies

گاو و گوساله
Cow and Calf

گربه و بچه‌گربه
Cat and Kitten

✦ جوجه حتی قبل از بیرون آمدن از تخم با مادرش صحبت می‌کند.
✦ A chick talks to its mother even before it hatches.

مرغ و جوجه
Chicken and Chick

سگ و توله‌سگ
Dog and Puppy